Angelika Kipp

Meine Laterne und ich

.aternen im Material-Mix

Vorsicht, nicht erschrecken!

Abbildung auf Seite 1

Schneiden Sie die Seitenteile und das Mittelteil (14 cm x 70 cm) aus Regenbogen-Tonkarton aus.
Dann zeichnen Sie die Konturen des Motivs auf die zugeschnittenen Folien und malen es nach dem Trocknen aus. Nach 24 Stunden können Sie die Folien hinter die Laternenform kleben und die Laterne wie auf Seite 7 beschrieben zusammenfügen.

Laternenhöhe

ca. 28,5 cm

Material

- Regenbogen-Tonkarton in A2
- 2 Laternenfolien in A3
- Windowcolor in Gelb, Orange, Rot, Violett, Blau, Hell- und Dunkelgrün und Weiß
- Windowcolor-Konturenfarbe in Schwarz

Vorlagenbogen 3A

Um diese bunte Laterne werden Sie sicherlich beneidet werden.

Zeichnungen: Berthold Kipp
Fotos: frechverlag GmbH, 70499 Stuttgart; Fotostudio Ullrich & Co., Renningen

Dieses Buch enthält: 4 Vorlagenbogen

Auflage:	5.	4.	3.	2.	1.	Letzte Zahlen
Jahr:	2006	2005	2004	2003	2002	maßgebend

© 2002
frechverlag GmbH, 70499 Stuttgart
Druck: frechdruck GmbH, 70499 Stuttgart

ISBN 3-7724-2989-0 · Best.-Nr. 2989

Herbstzeit, das ist die Zeit der Laternenumzüge: Kinder ziehen mit bunten Laternen singend durch die Straßen. Eine Laterne ist schöner und farbenfroher als die andere und oft sind sie selbst gebastelt.

Auch Sie können in netter, geselliger Bastelrunde im Kindergarten, in der Schule oder daheim mit Ihren Kindern zusammen lustige und originelle Laternen selber fertigen.

Dieses Buch bietet Ihnen viele neue Vorschläge für Laternen aus Tonkarton, Windowcolor oder Serviettentechnik.

Gefährliche Piraten und grüne Marsmännchen sind dabei, ebenso eine bunt gescheckte Kuh, ein zahmes Lämmchen, eine leuchtend gelbe Biene, gar nicht gruselige Gespenster, eine auf dem Besen reitende Hexe und ein knuffiger kleiner Bär. Die Auswahl ist riesengroß und vielseitig – aber schauen Sie einmal selbst!

Ich wünsche Ihnen viel Spaß bei der Auswahl Ihrer Lieblings-Laterne und der gemütlichen Bastelstunde.

Ihre

Angelika Kipp

Material und Hilfsmittel

Folgende Materialien und Hilfsmittel benötigen Sie für fast alle Laternen, sie werden nicht noch einmal bei den Objekten aufgeführt.

- Schere
- Cutter mit Schneideunterlage
- Klebstoff
- Dünne Pappe
- Transparentpapier
- Bleistift
- Filzstift in Schwarz
- Lineal
- Lochzange
- Batteriebetriebene Laternenbeleuchtung oder Teelichter
- Ggf. doppelseitiges Klebeband
- Drahtbügel
- Laternenstab

Tipps und Tricks

Das Anfertigen der Seitenteile

Legen Sie die Schablone auf den Tonkarton, schneiden Sie die Innenteile heraus und die Außenkontur sauber nach. Sie können die Tonkartonteile der Laterne natürlich auch beidseitig arbeiten, d.h. das Transparentpapier von innen und außen mit dem Tonkartonmotiv überkleben. Ich halte diesen Arbeitsaufwand aber für nicht unbedingt erforderlich.

Das Anfertigen des Mittelteils

Das Mittelteil der Laternen hat immer eine Breite von 14 cm, einschließlich beider Klebekanten (je 8 mm breit). Die Länge des Mittelstreifens ist bei jedem Motiv angegeben.
Die Knickstellen der Klebekanten müssen sauber gearbeitet werden, dazu werden die Längsstreifen des Mittelteils links und rechts mit einer Falzlinie versehen. Dafür legen Sie ein Lineal entlang der Knickstelle und fahren mit der Spitze einer Schere unter leichtem Druck an dem Lineal entlang.
Aus dem so markierten Kleberand schneiden Sie nun keilförmig kleine Dreiecke heraus.

Die verbleibenden Dreiecke werden nach oben geknickt, so dass der Kleberand senkrecht zum Mittelteil steht, und an den beiden Seitenteilen befestigt. (Abweichungen sind in den Vorlagen gepunktet gezeichnet.)
Die Mittelteile sollten an beiden Seitenteilen in gleicher Höhe abschließen. Gepunktete Linien (siehe Vorlagenbogen) markieren die Abschlusskanten des Mittelstreifens.

Klebstoff

Als Klebstoff für die Mittelteile der Laterne eignet sich ein Kraftkleber, da dieser die Papiere schnell miteinander verbindet. Ansonsten bietet sich ein Alleskleber an.

Beleuchtung der Laterne

Für kleinere oder sehr temperamentvolle Kinder sind batteriebetriebene Beleuchtungen die beste Wahl. Diese halten auch wildem Umhertoben stand. Ansonsten eignen sich Teelichter, die man mit einem doppelseitigen Klebeband am Boden der Laterne befestigt. Achten Sie darauf, dass das Teelicht mittig unter der Laternenöffnung angebracht ist. Überlegen Sie selbst, was für Ihr Kind und Ihre Nerven die beste Lösung ist.

Hinweis
Lassen Sie Ihre Kinder niemals unbeaufsichtigt mit einer Laterne allein, die durch eine brennende Kerze erleuchtet wird!

Die Beschreibung der kleinen, bunten Raupe finden Sie auf Seite 14.

1.

2.

3.

Schritt für Schritt

1. Legen Sie Transparentpapier auf die ausgewählte Vorlage. Übertragen Sie mit einem Bleistift alle benötigten Einzelteile, ohne dass diese sich überschneiden.

2. Nun kleben Sie das Transparentpapier auf eine dünne Pappe und schneiden die Einzelteile anschließend aus. Fertig sind die Schablonen!

3. Dann platzieren Sie die Schablonen auf den Tonkarton der entsprechenden Farbe und umfahren sie mit einem spitzen Bleistift. Schneiden Sie die Innenteile heraus und die Außenkontur sauber nach.

4. Die ausgeschnittene Tonkartonform benutzen Sie für das Zuschneiden des farbigen Transparentpapiers. Beim Ausschneiden des Transparentpapiers geben Sie als Kleberand immer 5 mm an jeder Seite dazu. Hinterkleben Sie dann die entsprechenden Stellen mit dem durchscheinenden Papier

5. Kleben Sie die benötigten Gesichtsteile auf das Transparentpapier und platzieren Sie bei dieser Laterne die Herbstblätter.

6. Nun kleben Sie das fertig geschnittene, gefalzte und keilförmig eingeschnittene Mittelteil (siehe Seite 4) mit einem Kraftkleber nach und nach zuerst an den äußeren Rand eines Seitenteils fest (Abweichungen sind gepunktet gezeichnet). Drücken Sie den Klebefalz gründlich an. Erst dann folgt das zweite Seitenteil.

7. Den Drahtbügel befestigen Sie am Mittelteil der Laterne, wobei die zu lochenden Stellen mit einem Quadrat (ca. 1,5 cm Seitenlänge) aus Tonkarton unterlegt werden, um die nötige Stabilität zu erhalten.
Für die Beleuchtung verwenden Sie eine batteriebetriebene Vorrichtung oder ein Teelicht, das mit einem doppelseitigen Klebeband auf dem Laternenboden befestigt wird.

Laternenhöhe

ca. 31,5 cm

Material

- Regenbogen-Fotokarton in A2
- Tonkarton in A4 in Gelb
- Tonkartonstreifen, 14 cm x 51 cm, in Orange
- Tonkartonreste in Blau und Schwarz
- 2 Transparentpapiere in A4 in Orange

Vorlagenbogen 1A

Ganz schön wuschelig!

Bekleben Sie die ausgeschnittenen Körperteile von der Rückseite mit Händen, Füßen und Transparentpapier. Die Gesichtsteile werden von vorn ergänzt. Dann setzen Sie das Mittelteil ein (siehe Seite 7). Die gestrichelte Linie zeigt seinen Verlauf.

Dieses Monster gewinnt man sofort lieb.

Ein kunterbuntes Häschen

Beschreibung auf Seite 10

Ein außerirdisches Flugobjekt

Kleben Sie einen Bogen Hologrammfolie auf den grünen Tonkarton. Daraus schneiden Sie die Seitenformen des Ufos aus, das Mittelteil (14 cm x 61 cm) wird aus grünem Tonkarton gefertigt. Mit der Konturenfarbe malen Sie das Motiv auf die Laternenfolie. Nach dem Trocknen der Kontur gestalten Sie das Ufo. Nach 24 Stunden können Sie die zurechtgeschnittene Folie hinter die Tonkartonform kleben. Bevor Sie das Mittelteil befestigen, fixieren Sie den zusammengefügten Feuerschweif.

Nun kann das Ufo im Dunkeln hell erstrahlen.

Laternenhöhe

ca. 28 cm

Material

- Tonkarton in A2 in Grün
- Hologrammfolie in A3 in Silb
- Regenbogenfotokarton in A4 in Rot-Gelb
- 2 Laternenfolien in A3
- Windowcolor in Grün, Rot, Gelb, Blau und Violett
- Windowcolor-Konturenfarbe in Schwarz

Vorlagenbogen 2B

Ein kunterbuntes Häschen

Abbildung auf Seite 9

Kleben Sie das gelbe Transparentpapier hinter die Körperteile. Von vorn werden die Gesichts- und Innenohrteile sowie die blaue Schleife ergänzt. Dann entfernen Sie mit einem Cutter von der Rückseite das gelbe Transparentpapier aus der Schleife und hinterkleben sie mit rotem Papier. Das Mittelteil wird wie in der Einführung beschrieben ergänzt.

Ob dieses Häschen wohl ein Laternenlied kennt?

Laternenhöhe

ca. 36 cm

Material

- Regenbogen-Wellpappe in A2
- Tonkartonstreifen, 14 cm x 66,5 cm, in Rot
- Tonkartonreste in Blau, Rot, Schwarz
- 2 Transparentpapiere in A4 in Gelb
- Transparentpapier in Rot

Vorlagenbogen 2A

Ich heiße August!

Platzieren Sie das Haarteil sowie den Kragen auf das offene Kreisteil, das gleichzeitig zum Aufkleben des Mittelteils (60 cm x 14 cm) dient.
Gestalten Sie das Gesichtsteil mit dem gelben Transparentpapier. Kleben Sie das Mund- und Nasenteil auf, entfernen Sie von der Rückseite das gelbe Papier und ergänzen Sie es durch das rote und weiße Transparentpapier.
Der Mund sowie das Augenpaar und die Schleifenteile werden an der Vorderseite fixiert.
Die bunten Hutteile werden von der Rückseite aufgeklebt und die Hutform von vorn platziert.
Fügen Sie die Laterne wie auf Seite 7 beschrieben zusammen.
Das Mittelteil wird mit bunten Punkten verschönert.

Auch ein Clown freut sich, wenn er am Laternenumzug teilnehmen darf.

Laternenhöhe

ca. 28 cm

Material

- Tonkarton in A2 in Schwarz
- Tonkarton in A4 in Rot und Rot mit weißen Punkten
- Tonkartonreste in Mittelblau u Gelb
- Transparentpapier in A3 in Ge
- Transparentpapierreste in Wei Rot und Grün
- 4 Wackelaugen, ø 2,2 cm

Vorlagenbogen 2B

Achtung, ein Pirat!

Kleben Sie das gepunktete Kopftuch auf die ausgeschnittene Gesichtsform. Das Gesicht wird mit einem gelben, der Flicken mit einem grünen Transparentpapier hinterklebt (siehe Seite 6).
Ergänzen Sie von vorn den Mund, das Auge, die Nase und den Stoppelbart. Ein Ohrring schmückt das linke Ohr. Fügen Sie wie auf Seite 7 beschrieben die Laternenteile zusammen. Das Mittelteil hat die Maße 14 cm x 55,5 cm.

Ein richtiger kleiner Pirat braucht natürlich eine passende Laterne.

Laternenhöhe

ca. 23,5 cm

Material

- Tonkarton in A2 in Schwarz
- Tonkarton in A3 in Rot
- Tonkartonrest in Gelb
- 2 Transparentpapiere in A4 in Gelb
- Transparentpapierrest in Grün

Vorlagenbogen 1A

Eine kleine, bunte Raupe

Schneiden Sie die Seitenteile samt der Raupenform heraus. Hinterkleben Sie die einzelnen Teile mit farbigem Transparentpapier (siehe Seite 6). Platzieren Sie nun die Gesichtsteile sowie die Blätter mit dem Rippenmuster und fügen Sie die Einzelteile wie in der Einleitung beschrieben zur Laterne zusammen. Das Mittelteil hat die Maße 14 cm x 70 cm.

Man sieht es deutlich, es wird Herbst.

Für kleine Pferdefans

Schneiden Sie die Seitenteile samt des Pferdekopfes heraus und gestalten Sie die einzelnen Flächen farbig (siehe Seite 6). Fügen Sie die Laterne wie in der Einleitung beschrieben zusammen, das Mittelteil hat die Maße 70 cm x 14 cm.

Für einen Pferdenarr ist diese Laterne ein unbedingtes „Muss".

Laternenhöhe

ca. 28 cm

Material

- Tonkarton in A2 in Blau
- Transparentpapier in A4 in Rot, Grün, Orange, Blau und 2 x Gelb

Vorlagenbogen 4A

Laternenhöhe

ca. 27 cm

Material

- Tonkarton in A2 in Blau
- Tonkartonrest in Schwarz
- Regenbogen-Tonkartonreste in Gelb/Grün
- Transparentpapier in A3 in Gelb
- Transparentpapier in A4 in Rot, Orange, Grün und Violett

Vorlagenbogen 4A

Ich heiße Morle!

Laternenhöhe

ca. 24,5 cm

Material

- Tonkarton in A2 in Grau
- Tonkarton in A4 in Rosa, Pink und Schwarz
- Tonkartonreste in Blau
- 2 Transparentpapiere in A4 in Gelb
- Transparentpapierrest in Flieder und Grün

Vorlagenbogen 4B

Der Katzenkopf wird mit dem gelben Transparentpapier hinterklebt. Von vorn platzieren Sie die Innenohrteile, das Augenpaar, das Stirnfell, das Nasen- und Mundteil sowie die Barthaare. Lösen Sie mit einem Bastelmesser vorsichtig das gelbe Transparentpapier aus dem Augeninneren und der Nase. Die Pupillen werden dann mit grünem, das Nasenteil mit fliederfarbenem Transparentpapier hinterklebt.

Fügen Sie die Schleifenteile zusammen und fixieren Sie die Schleife von der Rückseite. Die blauen Punkte sind mit einer Lochzange ausgestanzt. Das Mittelteil hat die Maße 63 cm x 14 cm und wird wie auf Seite 7 beschieben eingesetzt.

Miau! Miau!

Gestatten, Herr Bär!

Fixieren Sie das Transparentpapier hinter dem Bärengesicht. Das Augenpaar, die Maulteile sowie das Haar und die Innenohrteile werden dann von vorn ergänzt. Das Halstuch mit den Punkten (mithilfe einer Lochzange ausgestanzt) wird von der Rückseite befestigt. Das Mittelteil wird wie auf Seite 7 beschrieben eingesetzt.

Der Teddy freut sich schon auf das bevorstehende Laternenfest!

Laternenhöhe

ca. 30,5 cm

Material

- Tonkarton in A2 in Mittelbraun
- Tonkarton in A3 in Rot
- Tonkarton in A4 in Schwarz und Dunkelbraun
- Tonkartonrest in Blau
- 2 Transparentpapiere in A3 in Gelb

Vorlagenbogen 4B

Ich komme vom Mars!

Malen Sie den ausgeschnittenen Marsmännchen Mund und Armstriche auf und ergänzen Sie die Krawatte (ohne Punkte) von hinten.
Dann wird der Körper, die Krawatte und die Nase wie auf Seite 6 beschrieben farbig hinterklebt. Die Tonkartonringe auf der Krawatte werden von vorn aufgeklebt, das gelbe Transparentpapier herausgeschnitten und von der Rückseite andersfarbig ergänzt.
Nun erhalten die lustigen Gesellen noch ihre Augenpaare und die silberfarbenen Fühlerenden.
Fügen Sie die Laternenteile wie auf Seite 7 beschrieben zusammen, dabei dient die gepunktete Linie (siehe Vorlagenbogen) als Hilfe. Das Mittelteil hat die Maße 14 cm x 48 cm.
Kleben Sie zuletzt die Sterne auf.

Laternenhöhe

ca. 35,5 cm

Material

- Tonkarton in A2 in Grün
- Tonkarton in A4 in Rot
- Tonkartonreste in Schwarz, Silber und Gelb
- Transparentpapier in A4 in Gelb und 2 x in Grün
- Transparentpapierreste in R Blau, Grün, Lila und Orange

Vorlagenbogen 1B

Nun ist das kleine Marsmännchen bereit für seinen ersten Laternenumzug.

Ein süßes Bienchen!

Abbildung auch auf der Titelseite

Laternenhöhe

ca. 34,5 cm

Material

- Tonkarton in A2 in Schwarz
- Tonkarton in A3 in Grau
- Tonkartonreste in Rot und Gelb mit schwarzen Punkten
- 2 Transparentpapiere in A4 in Gelb
- 4 Wackelaugen, ø 2,2 cm

Vorlagenbogen 1B

Kleben Sie das gelbe Transparentpapier und die Flügelpaare hinter die Seitenteile.
Von vorn werden Gesicht und Schleife fixiert.
Ist das Mittelteil (14 cm x 53 cm) wie auf Seite 7 beschrieben eingefügt, so kann das Bienchen am Laternenumzug teilnehmen.

Summ, summ, summ!

Laternenhöhe
ca. 28 cm

Material

- Regenbogen-Wellpappe in A2
- 2 Laternenfolien in A3
- Tonkarton, 70 cm x 14 cm, in Rot
- Windowcolor in Gelb, Orange, Rot, Blau, Hautfarbe, Grau, Hell- und Dunkelgrün
- Windowcolor-Konturenfarbe in Schwarz

Vorlagenbogen 3B

Hex! Hex!

Schneiden Sie aus der Regenbogen-Wellpappe die beiden Seitenteile zu. Auf der zugeschnittenen Laternenfolie ziehen Sie die Kontur des Motivs nach und gestalten dieses nach dem Trocknen farbig. Nach 24 Stunden können Sie die Folie in den Wellpapperahmen kleben. Der Mittelstreifen wird wie auf Seite 7 beschrieben ergänzt.

Hex! Hex!

Ein Ausflug auf dem Besen

Schneiden Sie zuerst alle Tonkartonteile aus. Das Mittelteil hat eine Größe von 14 cm x 70 cm. Auf der zurechtgeschnittenen Laternenfolie zeichnen Sie nun die Kontur des Motivs nach. Ist diese getrocknet, werden die Flächen farbig gestaltet. Nach 24 Stunden können Sie die bemalten Folien in die Rahmen setzen und das Innenteil ergänzen.

Auf zum Laternenzug!

Laternenhöhe

ca. 26 cm

Material

- Tonkarton in A2 in Rot
- 2 Laternenfolien in A3
- Windowcolor in Gelb, Rot, Orange, Weiß, Hautfarbe, Blau, Grün und Violett
- Windowcolor-Konturenfarbe in Schwarz

Vorlagenbogen 4B

Ich heiße Lotte!

Beschreibung auf Seite 24

Mäh! Mäh!

Beschreibung auf Seite 24

Ich heiße Lotte!

Abbildung auf Seite 22

Laternenhöhe

ca. 33 cm

Material

- Tonkarton in A2 in Weiß
- Tonkarton in A3 in Rosa und Schwarz
- Tonkartonreste in Rot und Grün
- Transparentpapier in A3 in Weiß und Pink
- Transparentpapierrest in Gelb

Vorlagenbogen 2A

Die weißen Kuhgesichtsteile hinterkleben Sie im oberen Bereich mit weißem Transparentpapier. Das rosafarbene Maulteil wird mit dem entsprechenden Transparentpapier versehen und am Kopfteil fixiert. Ergänzen Sie nun das schwarze Haarteil, das Hörnerpaar, die Innenohrteile, das Augenpaar, den Mund und die Blumenteile.

Von der Rückseite schneiden Sie dann die pinkfarbene Blütenmitte heraus und ersetzen diese durch gelbes Transparentpapier.

Fügen Sie die Laternenteile zusammen (siehe Seite 7). Das Mittelteil hat die Maße 14 cm x 68 cm und wird zuletzt mit dem schwarzen Kuhmuster beklebt.

Muh, der Laternenumzug kann beginnen!

Mäh! Mäh!

Abbildung auf Seite 23

Schneiden Sie die Seitenteile und das Mittelteil aus Tonkarton zu. Die Schäfchen erhalten die Ohren und die schwarzen Hufteile. Hinterkleben Sie den Körper mit dem bunten Transparentpapier und ergänzen Sie mit dem Filzstift das Gesicht und das Fellmuster. Fügen Sie die Laternenteile wie auf Seite 7 beschrieben zusammen. Die gestrichelte Linie zeigt den Verlauf des Mittelteils (14 cm x 50 cm).

Eine nette Laterne!

Laternenhöhe

ca. 31 cm

Material

- Tonkarton in A2 in Rosa
- Tonkartonreste in Hellblau und Schwarz
- Regenbogen-Transparentpapier in A4
- Filzstift, wasserfest, in Schwarz

Vorlagenbogen 3A

Meine kleine Fledermaus-laterne

Laternen-höhe

ca. 28 cm

Material

- Tonkarton in A2 in Blau
- Tonkarton in A3 in Dunkelrot
- Tonpapier in A4 in Gelb
- Hologrammfolie in A4 in Gold
- Transparentpapier in A3 in Blau
- Transparentpapier in A4 in Rot und Gelb

Vorlagenbogen 3B

Schneiden Sie die Seitenteile und das Mittelteil (14 cm x 70 cm) aus dem blauen Tonkarton zu.

Platzieren Sie die Fledermäuse und gestalten Sie sie mit Transparentpapier. Dazu schneiden Sie das blaue Transparentpapier wie auf Seite 6 beschrieben zuvor heraus. Die Hologrammfolie kleben Sie aus Stabilitätsgründen auf das gelbe Tonpapier, schneiden die Sterne aus und fixieren diese auf den zwei Seitenteilen. Von der Rückseite werden die Sterninnenteile herausgeschnitten und durch gelbes Transparentpapier ersetzt. Fügen Sie nun die Laternenteile zusammen (siehe Seite 7). Das Mittelteil wird mit Hologrammsternen geschmückt, diese brauchen nicht hinterklebt werden.

Zur Herbstzeit ist diese Laterne genau das Richtige.

Ich gehe mit meiner Laterne ...

Schneiden Sie die Seitenteile und das Mittelteil (70 cm x 14 cm) aus Tonkarton aus. Die Laternenfolie wird dann passend zugeschnitten und mit Serviettenkleber bestrichen. Lösen Sie die obere Serviettenschicht, nur diese wird verwendet, und legen Sie die Folie mit der bestrichenen Seite auf deren Rückseite. Streichen Sie mit den Händen die Folie von innen nach außen, so legt sich die Serviette glatt darauf. Überstehende Ränder schneiden Sie nach dem Trocknen mit der Schere ab und fixieren die Folie in der Seitenform. Fügen Sie die Laternenteile wie auf Seite 7 beschrieben zusammen.

So einfach ist eine sehr wirkungsvolle Laterne herzustellen!

Laternenhöhe

ca. 27,5 cm

Material pro Laterne

- Tonkarton in A2 in Blau oder Grün
- Laternenfolie in A2
- Serviette mit Bärchen oder Bärchen im Mond
- Serviettenkleber
- Haarpinsel

Vorlagenbogen 1B

Es gruselt!

Hinterkleben Sie die Sichtfenster mit den gruseligen Motiven und stecken Sie den Laternenzuschnitt zur Laterne zusammen.

Nun kann der Gruselspaß beginnen.

Laternenhöhe

ca. 18 cm

Material pro Laterne

- Stecklaternenzuschnitt in Schwarz
- 4 Transparentpapiere mit Gruselmotiven, 17 cm x 13 cm

Eine kunterbunte Laterne

Abbildung oben (Rückseite) und auf Seite 31

Laternenhöhe

ca. 20,5 cm

Material

- Käseschachteln, ø ca. 20,5
- Laternenfolie, 41 cm x 20,5 in Weiß
- Windowcolor in Gelb, Oran Rot, Violett, Blau, Hautfarb Weiß, Hell- und Mittelgrün
- Windowcolor-Konturenfarb in Schwarz

Vorlagenbogen 2B

Legen Sie das Motiv unter die Folie und zeichnen Sie die Konturen mit der Konturenfarbe nach. Ist die Farbe getrocknet, füllen Sie die Flächen farbig aus. Nach ca. 24 Stunden, die Farbe sollte gut trocken sein, kleben Sie die bunte Folie mit Alleskleber um das Ober- und Unterteil der Käseschachtel.

Nun kann diese bunte Laterne die Nacht wunderschön erhellen.

Küss mich!

Abbildung auf Seite 32

Laternenhöhe

ca. 20,5 cm

Material

- Käseschachtel, ø ca. 15,5 cm
- Laternenfolie, 41 cm x 20,5 cm
- 2 Servietten mit Froschmotiv
- Serviettenkleber
- Haarpinsel

Lösen Sie jeweils die obere Serviettenschicht, nur diese wird benötigt. Nun legen Sie die beiden bedruckten Serviettenschichten dicht nebeneinander. Streichen Sie die Laternenfolie mit Serviettenkleber ein und drücken Sie sie auf die Rückseite der Serviette. Überstehende Ränder schneiden Sie nach dem Trocknen mit der Schere ab. Kleben Sie die bunte Folie an die Ränder der Käseschachtel, so dass sie leicht überlappt.

Eine echt witzige Laterne!

Küss mich!
Beschreibung auf Seite 30